Bérith

Jean-Gabriel Rueg

BÉRITH

L'Alliance

Illustrations
Henri Guérin

Éditions du Carmel
2008

Préface

« La foi en Dieu permet la louange. La louange est peut-être le plus grand moteur de la poésie, parce qu'elle est l'expression du besoin le plus profond de l'âme, la voix de la joie et de la vie, le devoir de toute la création, celui en qui chaque créature a besoin de toutes les autres »[1]. Ces mots de Paul Claudel sont susceptibles d'identifier la démarche poétique de Jean-Gabriel Rueg qui nous convie à la reconnaissance de l'Amour du Dieu vivant, manifestée dans la création et la recréation de toutes choses dans le Christ.

1. P. Claudel, *Prose*, 63-64, *Positions et propositions*.

On ne saurait emprunter le chemin du poète – parcours initiatique s'il en est – sans aller comme au fondement, en même temps qu'à la cohérence interne de son discours, afin de découvrir ce qui, dans le tâtonnement de la langue, nous conduit à la parole se donnant comme poème. Celui-ci n'est-il pas l'Hymne de la Réalité signifiée par des expressions clé qui ponctuent le discours : L'Amour divin, Création et chute de Lucifer, Création de l'Homme, Premier péché, L'Ancienne Alliance, L'Incarnation, Rédemption, Mission, Consommation?

De même que nul ne peut reconnaître la beauté d'un poème, s'il ne le considère dans son ensemble, de même nul ne peut découvrir la beauté de la création restaurée s'il ne va à Celui « par qui tout a été fait » (Jn 1, 3) et par qui nous sommes sauvés, le Christ, la Parole même de Dieu faite chair. Saint Augustin use, à cet égard, de l'expression *pulcherrimum carmen* – le plus beau poème – pour rendre compte de la beauté de Dieu dans le Verbe, présente au monde, à l'homme et à l'histoire qui s'accomplit comme histoire du salut [2].

Le Christ est ainsi le sommet du monde et de l'histoire et il synthétise, à partir de ce point culminant, le temps avant et après lui. Il vient restaurer en lui l'équilibre harmonieux du cosmos qui tend vers l'homme racheté, guéri et resplendissant de la lumière de Dieu Trinité. De lui, Révélateur du Père dans l'Esprit, découle originellement l'unité de sens de la révélation.

2. *De civitate Dei*, XI, 18 (BA 35, p. 87) ; *De vera religione* XXII, 42 (BA 8, p. 81).

C'est une telle unité de sens que cherche à découvrir le poète dans le cadre de son existence et dont il nous livre des harmoniques sur le registre de la louange. Il s'attache, dans le monde qui est le nôtre, à faire le récit d'une vérité que l'on serait parfois tenté d'exiler mais qui ne manque pas de se manifester comme source de vie. Le poète est alors inséparablement prophète, c'est-à-dire témoin d'une parole qui nous ouvre à une signification inscrite au cœur de la condition humaine.

Aussi, les strophes de Jean-Gabriel Rueg nous invitent-elles avec bonheur à accueillir la signification se dévoilant dans un « laisser Dieu être Dieu » au cœur même de notre quête de sens :

Sans commencement est l'Amour,
Unissant le Père à son Fils,
Le Fils à son Père en retour,
Dans l'Esprit, « Nexus Amoris »,
Le lien d'Amour.

Denis CHARDONNENS, *o.c.d.*
(Montpellier, le 15 janvier 2008).

À l'Esprit Saint

« *Gesang ist Dasein* »
(*Le chant, c'est l'existence*)

Rainer Marie Rilke
(*Les Sonnets à Orphée* 1, 3)

I

L'Amour divin

Sans commencement est l'Amour,
Unissant le Père à son Fils,
Le Fils à son Père en retour,
Dans l'Esprit, « *Nexus Amoris* »,
Le lien d'Amour.

Le Verbe et le Père étaient Un
En cette effusion divine
Sans nul commencement ni fin
Dans l'Esprit qui les incline
À n'être qu'Un.

En cet instant d'éternité
Qui ne saurait jamais finir
Vivait la Sainte Trinité.
Passé, présent, ni avenir
N'étant créés,

L'Amour en tout point commun
Le bonheur entre eux partagé
Pour toujours et sans nul déclin
Sans rien qui ne vienne altérer
l'Amour divin.

II

Création et chute de Lucifer

Sans sortir d'eux, tous Trois conçurent
En leur ineffable séjour
Que l'ange et l'humaine nature
Communient à la Joie d'un Jour
Qui toujours dure.

Sans sortir d'eux-mêmes formèrent
L'angélique esprit des Cieux
Sans nulle autre forme et matière
Qu'un esprit conçu par Dieu.
Anges du Père,

Célestes, cependant créés
Ce Dieu qui les a faits les aime
Qui les livre à leur liberté
Anges des Cieux ils sont libres d'eux-mêmes
Libres d'aimer.

Aimer Dieu ou s'aimer soi-même
Plus que Dieu même et sans retour
C'est là l'épreuve et le dilemme
La preuve aussi de tout Amour
Lorsque l'on aime.

Lucifer tenait le flambeau
De la Création de son Dieu
De tous les anges le plus beau
– Mais la beauté de l'orgueilleux
N'est qu'un défaut ! –

Sans rendre à Dieu la beauté même
Qu'il tenait de Lui pour cadeau
« Que m'importe puisque je m'aime !
Loin de moi l'éternel fardeau
Que l'Amour traîne,

« Ce don de soi que l'on doit faire
Sans cesse à l'exemple des Trois
Ne saurait point me satisfaire :
Dieu, je ne Te servirai pas ! »
Dit Lucifer.

III

Création de l'Homme

Aussi lorsque l'Homme eut pris forme
Le Miroir du Verbe du Père
Qu'il reçut ressemblance et forme
En un corps formé de la terre,
Le Premier Homme !

Quand Dieu le créa homme et femme
À son image et ressemblance
Livrés à Sa divine Flamme
Leurs deux corps dans la transparence
De leurs deux âmes,

Lorsque Dieu les plaça tous deux
Au sommet du monde visible
Dans un jardin d'Eden radieux
Et puisque rien n'est impossible
À notre Dieu,

Il planta l'arbre de la Vie,
L'arbre immortel de l'innocence
Au milieu de son paradis
Pour préserver en eux l'enfance
Et son esprit.

« Qu'ils se gardent loin de la science
De l'arbre du bien et du mal
Qu'ils n'outrepassent leur conscience
Consommant le fruit du scandale,
La suffisance.

« Et qu'ils ne meurent de la mort
Et non d'amour en ma Présence
Et qu'alors ne meurent leur corps
Et leur âme en leur suffisance,
La sombre mort !

« Et qu'alors jamais ils ne puissent
Passer en notre union d'amour
Et pour que toujours refleurissent
Leurs jours en l'éternel séjour
De mes délices,

« Car c'est pour la Béatitude
Que mon Verbe les a créés
Et non pour une servitude
De jours sans fin recomposés
De finitude.

« Mais s'ils s'éloignent de ma grâce
La marque en leur cœur de mes Cieux
Bientôt leur semblerait odieux
Dans la folie de leur disgrâce
L'Amour de Dieu. »

IV

Premier péché

Menteur et perfide animal
Au Jardin, l'antique Serpent,
L'auteur du mensonge et du mal
Lucifer, plus encor Satan,
L'ange du Mal,

Vint tenter en son cœur la femme,
L'humble berceau des fils d'Adam
Et d'Adam la sublime flamme,
Ève, la Mère des Vivants
Et de nos âmes.

La femme en qui reposerait
L'esprit de l'humaine nature,
La part que l'homme trouverait
Dans l'écrin d'une créature
Qui l'aimerait.

Satan vint pour la persuader,
Loin de l'ordre divin du Père,
De goûter le fruit prohibé :
« Vos yeux connaîtront la lumière,
La vérité,

« Dieu sait que si vous en preniez
Vous seriez des dieux vous aussi
Il a peur que vous n'appreniez
Sa divine parcimonie
Pour Le renier.

« Il vous a menacés de mort
Sachant que si vos yeux s'ouvraient
À son pouvoir vous feriez tort.
Mords pour voir si je ne dis vrai,
Sans nul remord ! »

Le fruit paraissait beau à voir,
Séduisant, l'arbre du connaître,
Précieux pour cueillir le pouvoir :
« Libres de Dieu, se voir renaître
Sans rien devoir ! »

La femme, épouse de l'Esprit,
Le divin le plus maternel,
Créée pour se donner, en prit.
Le prix pour que se perde en elle
Le ciel sans prix.

Par le fourbe Serpent perdus
Le viol de l'Amour entrepris
Le fruit de l'arbre défendu
Leur ouvrit à tous deux l'esprit :
Ils étaient nus.

Privés des présents les plus beaux
Aveuglés par le sortilège
Leur vie sous le poids de leurs maux
Loin de l'arbre de Vie s'achève
Dans un tombeau.

Loin de l'Amour sacrificiel
du Père au Fils en l'Esprit Saint
De leur Amour suressentiel,
Loin du foyer d'où leur parvient
Le feu du Ciel.

La peur du Père en son cœur d'Homme,
Le plus dur à déraciner,
Le mal le plus terrible en somme
Qui soit en lui enraciné
Dans son cœur d'Homme.

La peine, le prix que lui vaut
Sa volonté d'indépendance
La peine au front de ses travaux
En l'exil de sa dissemblance,
Son pain nouveau.

Un jour, sur un arbre pourtant
Dans un désert d'indifférence
L'Amour rachètera le temps
Du pays de sa longue errance,
Ressuscitant.

V

L'Ancienne Alliance

Car le Père éperdu d'amour
Pour son Verbe en qui tout est né
Pour l'œuvre aussi des premiers jours
Et l'Homme enfin qui couronnait
L'Œuvre des jours.

Ce Dieu sans qui rien ne serait
S'il n'était Père et trois fois Dieu
Sans qui rien ne commencerait
S'il n'était miséricordieux
Vivant et vrai,

S'il n'était l'abîme insondable
S'il n'était prêt à pardonner
À donner aux êtres coupables
La joie de pouvoir partager
Sa propre table.

S'il n'était tout près de nos âmes
Comme un Père attend son enfant
Tout près de Noé, d'Abraham,
D'hommes au cœur bien plus ardent
Qu'un feu de flammes,

S'il ne faisait un jour Alliance
Avec le peuple d'Israël,
S'abaissant en sa transcendance,
Ralliant l'homme à la Loi du Ciel,
Dans l'espérance

De voir un jour sa Loi d'amour
Non plus sur des tables de pierre
Mais, telle une eau vive qui sourd,
Au plus profond des cœurs de chair,
Sans nul détour

Et nul retour sur le passé
Ni aucune idole illusoire
La mort à jamais dépassée
L'Amour au cœur de notre Histoire
Enfin sauvée.

Celui qui révèle à Moïse
En dix mots l'Unique Parole
Que le serviteur avait prise
Au feu scellant l'Alliance folle,
L'union promise.

L'Amour consommant à l'Horeb
L'union de la terre et du ciel
Pour que, d'un peuple à nuque raide
Le moindre de tous, Israël,
Enfin succède,

Au pays de lait et de miel
Que Moïse a promis d'ouvrir,
Un peuple, non pas d'infidèles
Mais des hommes qu'il peut nourrir
Du bleu du Ciel.

Mais le mal de l'Homme est en lui,
la Loi sur des tables de pierre
En dépit du soleil qui luit
Son cœur se perd sans nul repère
Au cœur des nuits.

À la Loi donnée par le Père,
L'amour pour seul code exigé,
Une horrible idole aurifère
Au milieu du peuple érigée :
L'or éphémère !

Mammon, droit debout sur son ventre,
Repu des festins de ses crimes
Du sang des enfants qu'on éventre
Du corps des pauvres qu'on incrime
Et qu'on étrangle !

Le maître à qui tout appartient
– Le monde entier lui rend un culte –
Le dieu de l'homme en son quotidien
Et qu'importe qu'il soit inculte
Pourvu de biens !

VI

L'Incarnation

Plus de mille ans après l'Exode
Et deux mille après Abraham
Après l'Exil de Babylone
Et sous le pontificat d'Anne
Au temps d'Hérode,

Longtemps après les prophéties
Les sages, les rois d'Israël,
Les prodiges et les récits
Du Jour enfin providentiel
Du vrai Messie,

Naît à Bethléem de Judée
Dans la cité du Roi David
En ces jours qui sont les derniers
Le Messie que le pauvre avide
Avait mendié.

Conçu par l'action de l'Esprit
À qui tout est rendu possible
Le sein de la Vierge Marie
Devient le sceau irrépressible
De Jésus-Christ.

« Réjouis-toi comblée de grâce ! »
– la Vierge avait paru surprise –
Puis : « Que Sa volonté se fasse !
Que tout en moi soit sous l'Emprise
Du face à face ».

Alors le Verbe se fait chair
Celui de qui tout don provient
Prend une humanité pour chaire
Car l'Homme, l'œuvre de ses mains
Lui reste cher.

Le Verbe en qui depuis toujours
Le Père a donné son essence
Dans l'Esprit Saint, le Lien d'Amour,
Le Verbe en Marie prend naissance
Sans nul retour.

Le Maître à qui l'Être appartient
Par qui nous voyons la lumière
Le monde et tout ce qu'il contient
Image Invisible du Père,
À nous se joint.

Renonçant à la joie du Ciel
Le Fils Unique égal du Père
Par un amour sacrificiel
Se fait mortel pour notre terre
Lui, l'Éternel,

Celui sans lequel nous n'aurions
Ni mouvement, ni vie, ni l'être,
Celui sans qui nous ne saurions
Aimer s'il ne nous faisait naître
Au Dieu Très bon,

Le Verbe éternel que profère
Le Père en son éternité
Miroir unique du Dieu Père
En une même dignité
D'amour offert,

Franchissant l'abîme insondable
Du Créateur aux créatures
Le Verbe en un corps périssable
S'unit à l'humaine blessure.
Corps admirable,

Soleil levant venu d'en haut,
Astre qui vient nous visiter
Éclairer l'ombre des tombeaux
À l'incorruptibilité
De Son flambeau !

Lumière née de la Lumière
Et vrai Dieu né du seul vrai Dieu
Le même aujourd'hui comme hier
L'auteur de la terre et des cieux,
Mon propre frère !

Lui qui, Alpha et Oméga,
Principe et fin de toutes choses
Existait avant que tout soit
Par qui tout l'univers repose,
S'unit à moi !

Lui qui, de condition divine,
Ne retient pas jalousement
Le rang qu'il tient des origines,
En un anéantissement
D'amour sublime,

Se fait l'un de nous désormais,
Le Maître, notre serviteur,
Celui que les cieux proclamaient
Le Seul saint, le Seul vrai Seigneur
Est à jamais

Mon frère en son humanité.
Il s'unit enfin son épouse
Unique chair en vérité
En une charité jalouse
De pauvreté.

Se livrant à sa créature,
– l'Infini à la finitude ! –
Dans l'union de ses deux natures
Le Christ offre en sa plénitude
Son Amour pur.

La chair alors inépousée
Par l'Époux divin éconduit
S'unit à la divinité
En Jésus Seul, qui la conduit
Pour l'épouser.

VII

Rédemption

La Loi fut donnée par Moïse
Par Jésus vint la charité
En son humanité, l'Église
Est le Chemin pour hériter
La vie promise.

Car Son Corps est le propre Corps
De ceux que l'Esprit Saint rassemble
L'Église est Sa joie, plus encore,
Son Épouse qui lui ressemble
Jusqu'en Sa mort.

Le Don de l'Agneau Immolé
Son Corps aux quatre plaies ouvertes
Et la blessure à son côté
Qui vient laver la chair couverte
De nos péchés.

La mort d'où peut surgir l'Esprit
« Aimer, c'est se donner soi-même
Se donner jusqu'à la folie,
Vouloir le bien de ceux qu'on aime,
En est le prix.

« Mon cœur est un pain qui se mange
Mon sang, un breuvage éternel
Le pain des hommes et des anges
Un Pain nourri du feu du Ciel
Dans la louange !

« Qui regarde vers Moi resplendira
Sans ombre ni trouble au visage
Enfant retrouvé, il verra
La joie s'étendre d'âge en âge,
Qu'on trouve en Moi.

« Pareil au Serpent élevé
Par Moïse au cœur du désert
Ses yeux vers ma croix, relevés
Contempleront les Cieux ouverts
L'éternité.

« La mort ne peut tenir captive
Ma Vie qui jamais ne finit
Mon cœur, cette source d'eau vive
Du monde aura chassé sa nuit
Pour qu'il revive.

« Dans Trois Jours je relèverai
Le Temple de Jérusalem
Par ma Vie je révélerai
Ce qu'est l'amour pour ceux qu'on aime
À tout jamais. »

VIII

MISSION

Christ est Vivant, Ressuscité,
Il s'est montré à ses Apôtres
C'est qu'ils L'ont vu en vérité
À la fois le même et tout autre,
Ressuscité !

Celui qui leur avait promis
La mort vaincue, l'Amour offert
Le Pardon du sang aux péchés commis
Le don de soi que l'on doit faire
À ses amis,

Prêchant aux hommes le Royaume
D'un pays qui n'est pas d'ici
Qui fit des pêcheurs des Apôtres
Les prêcheurs de son paradis
Maintenant nôtre !

Le premier jour de la semaine
Aux disciples terrorisés
Après l'annonce à Madeleine
Jésus, au milieu d'eux disait,
Chassant leur peine :

« Comme le Père en moi demeure
Et qu'en Lui je demeure aussi
Demeurez en Moi, pour que meure
Le grain qui doit porter l'épi
De son semeur

« À la consommation des temps
D'où jaillira l'aube éternelle
Ce jour sans fin qui tarde tant
Car l'Homme ignore encor qu'un Ciel,
Son Ciel l'attend.

« Comme le Père m'a aimé
Depuis toujours et pour toujours
Moi aussi je vous ai aimés
Si vous restez en mon Amour
Si vous m'aimez,

« Si vous gardez ce que j'ai dit
l'Amour qu'entre vous je demande
Vous serez alors mes Amis
L'Amour est la Loi qui commande
Mon Paradis. »

« Comme Il m'a envoyé ici
Pour l'Œuvre accompli de ce Jour
Voici : Je vous envoie aussi
Proclamer l'éternel séjour
Du Saint-Esprit.

« Recevez le Souffle Très Saint
Le Lien qui m'unit à mon Père
Du fruit parfait de ses desseins
D'un bout à l'autre de la terre
Soyez Témoins. »

IX

Consommation

Ils avaient repris leurs filets
Simon-Pierre, avec quelques autres,
Au bord du lac de Galilée
Oubliant à quel don l'Apôtre
Est appelé.

Comme à leur première rencontre
– Toute une nuit à ne rien prendre –
Sur la berge, Jésus se montre
Et les invite à mieux comprendre
De quel Amour

Et de quel Dieu Ils sont aimés
À quel appel leur vie entière
Est attelée. Il leur promet
De prendre un jour toute la terre
Dans leurs filets.

Jésus s'adresse à Simon-Pierre
Qui L'avait pourtant renié
C'est que, plus fort qu'un cœur de pierre,
Il connaît la douceur d'aimer
Du cœur du Père,

Pour lui demander si il L'aime
– Il ne vient rien lui reprocher –
« Veux-tu m'aimer comme moi-même
Je t'aime et veux te rapprocher
De l'Amour même ?

« L'Amour ne veut rien que cela
Être aimé sans autre raison
Que Lui-même, et d'être la loi
Des jours et des nuits, des saisons,
Tout ici-bas

« N'aurait pu sans Lui exister
C'est la raison d'être des choses
Qui n'ont qu'un sens d'éternité.
Tout homme est l'ombre où se repose
Ma charité.

« – Seigneur, tu sais bien que je t'aime !
– Appuie-toi sur Moi simplement
L'Amour est libre de lui-même.
Comme le vent livre humblement
Tout ce qu'il sème »

« Ainsi mon Cœur est un abri
Pour ceux qui ont peur d'être pauvres
Je suis l'Amour qui les a pris
Du cœur du monde et qui les sauve
Par mon Esprit.

« Je change en or pur leur poussière
Au doux foyer de mon pardon
Les larmes, sœurs de la prière,
Lavent les plaies au puits sans fond
De ma lumière. »

« Mon cœur est miséricordieux,
Des flots sans rivage ni digue,
Une eau qui se perd dans les Cieux,
Comme au pécheur, l'Amour prodigue
Les bras de Dieu.

« Sois le Berger de mes brebis
Fais les paître paisiblement
Jusqu'au seuil de ma Bergerie
Où j'efface tous les tourments
Toutes les nuits. »

« Rassemble-les dans mon Église
Mon Corps dont vous êtes les membres
La Voix des vérités promises
Mon Épouse qui me ressemble,
Ma Vie transmise

« Au cœur, sanctuaire intérieur
de l'Esprit s'il devient Son temple,
Où le Père y fait sa demeure
Si l'homme à Lui s'ouvre et contemple
Son propre Cœur. »

Janvier-février 2004
Saint Désert – Roquebrune/Argens

TABLE DES MATIÈRES

Achevé d'imprimer
le 25 mars 2008
sur les presses de l'imprimerie
CPI - France Quercy
pour le compte des
Éditions du Carmel
33, avenue Jean Rieux
31500 Toulouse

Dépôt légal avril 2008
N° d'impression : 80807